LA DEPENDENCIA

Eva Vázquez Tarrío

COLECCIÓN ITES

LA DEPENDENCIA

© Eva Vázquez Tarrío
© Corrección: Isabel Caballero
© de esta edición: Olé Libros, 2025

ISBN: 979-13-87620-11-0
Depósito legal: V-264-2025
Impreso en España

KALOSINI, S. L.
Grupo editorial olélibros
equipo@olelibros.com
www.olelibros.com

A mamá, a papá, a Iván y a Daniel,
por todo lo que me han dado.

A Seína,
por poner por primera vez un libro en mis manos.

A todas las personas que han estado dándome fuerza
una y otra vez cuando dudaba de la mía.

Más allá del amor
quiero decírtelo con el olvido.

TE QUIERO, LUIS CERNUDA

I

La primera mentira
la contaron tus manos
al coger las mías.
El primer engaño,
aquella vez que bailamos.

2

Error.
Tus ojos me muerden. Mirarte.
Verte de lejos. Tocarte.
Olvidar que en la guerra y el amor
todos pierden.

3

En tus brazos encuentro la tranquilidad
cuando me acaricias en silencio
en las olas del mar.
Pero no hables, que nos perdemos.
Solo en silencio encontramos la paz,
nosotros habitamos en el sosiego.
Tú y yo, lejos.
Tu piel y mi piel.
Mi cuerpo y tu cuerpo.
Así, sin hablar.

4

Adoro los dibujos de tu piel
y, aunque la noche sea ciega,
en tus brazos los puedo ver,
los pinto con mis dedos,
tus ojos huelen a miel.
Palpo tu olor en mi seno.
Todo tu ser me rodea.
Cómo puedo echarte de menos
cuando estás tan cerca,
cuando estás tan dentro

5

Me pierdo en tu mar.
Me envuelves de sal.
Me costó encontrarme,
volverme a buscar,
pero si me miras,
piérdeme una vez más.
Yo te veo, mar de cristal.

6

Tú eres agua.
Te deslizas en la curva,
hacia abajo, mi columna.
Humedeces mis labios,
los que abren mis entrañas
y te filtras en mi espalda.
Yo te pido:
«Un momento, para».
Y tú me pides que me abra.
Y tú sigues.
Y te filtras en mi espalda
y siento fluir la corriente.
Me empujas contra la almohada
y yo soy agua.

7

Quédate ahí
intentando dormir
con tu olor en la almohada.
Me llevo el mío de tus sábanas.
Tu hambre insaciable.
Mi sed inmensa.
Apaga la luz
y cierra la puerta.

8

Cuando cantas la canción que deberías
ese ritmo ya te olvida,
y los días que se pierden para siempre
ya no vuelven,
y la historia que te cuentas ya de día
ya se pierde,
y las noches benditas de alegría
ya no beben de tu risa.

9

Retuerces las palabras,
te comes los verbos,
desordenas el sujeto.
La pregunta es respuesta,
esa que no tengo.
La lengua
me muerdo,
si te doy una letra
la conviertes en veneno.
No queda nada detrás
de consonante o vocal,
nada más
que tu verdad.
Ni sujeto
ni predicado entiendo
más que el que tú me das,
y el silencio es el único escudero
que me defiende
cuando quieres ganar.

Tu amor:
Esperar un tren averiado,
saciar la sed con agua de rocío.
Árido cauce seco del río.
Una mariposa sin alas,
una ilusión sin llama,
una brasa que no prende,
una decepción que no vence.
El corazón acelerado
y seguir esperando.
Oír que te levantas en la noche,
aprieto los ojos,
acallo las voces.
Estar en vela si estás despierto
y perder el sueño.
Tu amor son migajas
que mendigo arrastrada.
Tu amor es
como no ser nada.

11

Odiaré el día que te vayas.
Pero ese día llegará
como todo llega.
Así de repente,
casi impaciente.
Estoy buscando el sentido
de decir adiós a un amigo.

Olvida mi nombre.
Olvida que dormimos noche y noche.
Olvida mi cara.
Olvida en tu rostro mi mirada.
Olvida tu olor en mi cuello.
Olvida mi amor,
mis manos en tu pelo.
No me mires ni saludes
cuando llegue el día maldito,
cuando a mi lado pases
olvida que existo.
Más que desconocidos,
olvida que vivo.

13

Y seguir hacia delante
aunque se infarte el corazón,
aunque se ahogue el alma.

Te buscaré en cada boca que bese,
te buscaré en cada vino que tome
y me quedaré en tu cama,
en tus sábanas,
en tu abrazo rodeando mi cuerpo.

Ahí para siempre quedaré esperando.

14

Háblame una vez más,
abre una nueva oportunidad.
Quiero estar a tu lado,
volverte a encontrar,
tocarte el pelo
y acariciar tu brazo.
Devuélveme a ese lugar
donde tus ojos eran paz.

Háblame una vez más.
Si me vuelves a buscar, quizás...
Quizás podamos hacerlo funcionar.
No te volvería a perder.
Cierra esa puerta
que abriste para no volver.

Si me vuelves a buscar, tal vez...
Tal vez todo, tal vez nada.
Un beso, una mirada.
Una vida, tres días.
Diez segundos, tus manos.
Diez años, tu tacto y mi tacto.

Si me vuelves a buscar, quizás...
Dormir a tu lado,
soñar en tu almohada,
dejarte durmiendo en la mañana.
Una vida, tres días.
Quizás todo, quizás nada.
Pero quizás...

Eres playa y eres mar.
Eres tu cuerpo desnudo
cubierto de sal.
Eres salsa y eres son.
Cada letra y cada canción.
Enterrarme en tu rostro
y soñar.
Lamer tu sabor
y soplar.

Estás clavado en mi talón
y no puedo caminar adelante ni atrás.

16

El sexo es un lenguaje
y a mí me encanta tu acento.

Me gusta tu piel porque es espesa.
Desaparecen mis dedos siguiendo tus líneas.
No sé quién soy ni quién era.
Encuentro el latido,
pierdo el sentido.
Me aparto el pelo,
suavizas la curva
respiras mi nuca.
Se acoplan tus versos,
entiendes mi prosa.
Se enmarañan las patas,
maúlla tu vello.
Me apoyo en tu ombligo.
Encuentras el latido,
te duermes conmigo.

18

Habitas en mí
como la rosa podrida,
esa que creí perdida
pero que en un jarrón olvidé.
Polvo y mierda en el parqué.
Y como mugre escondida
que no limpias, a saber por qué

Estás en mi corazón,
cuyo latido olvidé,
como un hueso seco,
ese que creí en la basura
pero que un día tragué.
Y como sangre y muerte
que late sin saber por qué

Vives en mis venas
como un río sediento,
ese que quería llegar al mar
pero cuya verdad olvidé.
Como musgo y sal
que mienten, y yo sé por qué.

19

Me asalta la duda
y se convierte en certeza.
Sé que estás con ella.
No sé si es la misma de ayer
ni si estará mañana.
No sé si es rubia o morena,
no sé si le crece el pecho
o tiñe canas.
No sé con qué dedos recorre los versos
de tu piel, esos que yo he besado.
Pero sé que estás con ella.

Destruiste lo que soy y lo que fui.
Destruiste lo que habría sido
de no ser por ti.
Quemaste lo que fuimos
con la mecha de mi ira
y me echaste la culpa
de cada hoja que (no) ardía.
Rompiste mi norte y se impuso tu sur,
y si no encontrábamos el camino
era porque yo los había escondido.
Despertaste mis noches
con las intermitencias de tu frío
y si no podías dormir
era porque yo nos había perdido.
Pero hoy (a pesar de lo que has dicho)
sé que fuiste tú
quien nos tiró al olvido.

21

Vuelvo a caer en tu sombra,
vuelvo a beber de tu sed.
Te odio y te amo.
Te adoro, me das asco.
Me dueles y me aparto.
Abstinencia y te busco.

Adicción
al laberinto de mentiras,
idas y venidas,
a la violencia desatada
a la que hice un altar
que veneraba.
Tapar el daño
con la fricción
de tu piel contra la mía.

Calma.
Respira.
Vísteme despacio que tengo prisa
por encontrar una salida.

23

Sé lo que quieres
cada vez que vuelves
y vienes
sabiendo que lo tienes,
como quien coge lo que le pertenece.

Si te insulto
la misma mirada me recoge.
Y yo obediente
entrego mis rodillas contra el suelo.
Agarras mi voluntad
como quien coge lo que le pertenece.

Te encanta este juego;
tomarme del pelo,
acariciar los límites del fuego,
disfrutar mi cuerpo
hacerme doler.
Y gimo,
no me muevo.

Lo que más te gusta es
tener el omnipotente control
de mi voluntad y sumisión.

24

Tu ausencia
es presente.
Rasga el aire.
Es constante.

Es un impulso inconcluso.
Es la virtud que desea
alzar los brazos
y romperse la voz,
rogándole a Dios
doliendo la ansiedad

Rasga la carne.
Es necesidad,
desear y que nadie te sacie,
tomar aire y no respirar,
ahogarse esperando que pase.
Meter la cabeza en una bolsa
y esperar
a Dios, que baje.
No vengas, te odio.
Pero ven ya
que me quema la piel de no tocarte.

25

A mi alrededor el mundo
sigue tejiendo miles de historias,
pero yo sigo paralizada en
tu silencio,
ciega en esta habitación
donde brilla el sol
y no veo la luz.

26

No te has dado cuenta:
si no encuentras el camino a seguir
es porque has dado la vuelta.

Escribo un mensaje.
El miedo llama (llamas)
a la puerta.
Tiemblan las velas.
El silencio me reclama.
Mi corazón (para no sonar)
se apaga.
Se suspende el vacío.
Mis dedos (sin sonido)
se agitan como maracas
mientras todo en mi casa
está suspendido.

Llamas a la puerta (el miedo).
Otra vez, de nuevo.
Yo (no vaya a ser que me oigas)
no me muevo.
Mi corazón sigue sin latir.
Ni el hambre amaga un eco,

y vuelves a llamar:
«Sé que estás ahí»,
amenaza el silencio.
Agarro las paredes
para mantenerlas en pausa
(mi casa es mi aliada),
y pongo los oídos
para amenazar el silencio
y que se calle el miedo.

Y creo que por fin te has ido.
Y mi corazón late otra vez,
de nuevo.

28

No es amor, es dependencia
lo que se mantiene aun con violencia.

29

Se resquebrajan las paredes.
Se corrompe el aire
con el hedor de mi ropa impregnada en miedo
y el testigo de enero.
Nunca volviste de nuevo,
solo querías castigar.
Porque una vez no era suficiente
y ya no me podías volver a asustar.
Dejarme una vez,
una vez más.
O que yo te dejara
y tener a quien culpar
Cierra tus ojos verdes, rey
que no quiero volver a oír el mar.

Pedirle a la sal
   (que está en la herida)
que deje de picar.
Escribir versos para sentirte a mi lado
como un niño que deja su barquito en la mar
   (sin saber que dejarlo ir dolerá),
y una vez lo ha soltado
mira, impotente, como el barquito se le fue;
escribir versos para sentirte a mi lado.
Así soltarte para (no) olvidar.

Tocarte.
Intento alejarme
pero mi voluntad no encuentra camino
y se entretiene.
Tu cuerpo, mi cuerpo.
Fricción, cimientos.
Lo quieres, te huelo.
Mi lengua, tu sal.
Mi sed, tu hambre.
Húmedo, suave.
Me miras, me siento.
Mi boca abierta, tu mano en mi pelo.
Necesitar tu carne,
chupar tu deseo.
Abrir mi piel
y mojarte,
lamer mi mano
y tocarte.

32

Enterrarte en lágrimas,
ahogarte en tierra,
y después rezar que vuelvas.

33

¿Y si me da miedo olvidarte?
Desdibujar tus gestos.
Descoser cada día tu recuerdo
y por las noches deshacer
lo deshecho.
Si sintieras lo que yo siento
no dejarías pasar ese tiempo,
pero le he dado la vuelta al reloj y espero.

34

Me preguntan:
«¿Qué tal?».
Pero no quieren mi respuesta real.
Solo vale:
«¡Todo bien!
¡Ya no estoy con él!».
Si les cuento que sigo atrapada
amortajan la mordaza,
así que cuando me preguntan
bajo la mirada,
escondo las cadenas,
tapo las heridas
y pienso:
«Nadie me puede ayudar».

Yo soy la que está debajo de mi piel
renunciado a mis sueños
y a las promesas que falté,
a los amores rotos
y a los que nunca me amaron o amé.

Si pierdo la cabeza
soy yo la que sigue mis pies,
la que cura la herida
o no deja de doler.
La que envejece cada día
debajo de mi piel,
la que gana o pierde
cuando decide irse o volver.
A la que cala la ropa cuando se deja llover,
a la que quema la ira
y se convierte en cenizas.
La que muere de frío
o se muere de amor.
La que no duerme de noche
cuando le deja volver.
La que le sueña y le reza
si se despide de él.
La que cierra la puerta
o sale por ella.
A la que le pesa
su pesa pesada;
carga tú con la tuya
y no te metas
con lo que me llevo a la espalda.
Si me das un punto de apoyo
que sea de verdad.

Yo soy la que se rompe la pierna
si vacila al saltar,
la que se juega el pellejo
si falla al saltar,
la que salta al vacío
y se deja caer,
la que se rompe los huesos
y la que los suelda después.

Yo soy la que está debajo de mi piel.

36

Cuando un día es largo
lo que quema no es el sol
sino la arena.

37

Cuando se pierde la risa
se olvida el silencio
y el silencio crece
y se olvida la sonrisa.
Entonces ya no sé qué crece
en el olvido de tu risa
y es entonces cuando escribo poesía.

38

Solo sé que no sé nada,
Empapada en el sol de Madrid
y tú allí
con las mujeres más bellas
que están detrás de ti.

Esta noche la luna es traviesa
y aun siendo de noche hace calor.
No voy a dormir,
así que escribo, mejor.

Hoy estoy espesa
y los ojos no se cierran
si no te miran a ti.
Mi boca son plumas secas
y mi cama un arenal.
Pienso, ¿dónde estarás
si tú no estás aquí?
Con una copa en la mano
¿a quién sacarás a bailar?
¿Disfrutará de tu abrazo?
¿Me dormiré yo al final?
La música que me ponías
empezará a sonar
y la más joven y bonita,
no dudo, te buscará.
¿Le regalarás tu sonrisa?,
esa que tenía que robar,
porque las horas tristes
ya no ríen
cuando el amor se va a acabar.

Hoy la noche está seca
y nada me puede calmar.
Solo sé que no sé nada
porque no sé dónde estarás.

39

A ti, los ojos más bonitos del mundo,
qué fácil te resulta soltarte
cuando eres el que ata los nudos.

40

Ven, solo tú,
ven sin nuestro pasado
como la primera vez que te vi,
libre de acusaciones y de llantos.
Deja que el dolor se suspenda
Deja que el tiempo se detenga
Solo tú,
sin metalenguaje ni sospechas,
sin significante ni significado.

41

Las promesas que no se cumplen
se tienen que devolver.

42

El fuego tiembla,
se desliza y
culebrea como el agua.
Amarillo.
Naranja.
Perfil dorado.
Redondez aguda,
recorre el filo de la aguja.
Marioneta de sombras.
Aliado del movimiento
y de la calma.
Pongo la mano
pero no me quema.
Consume la estancia,
ahoga las velas,
teje su olor sobre mi cara.
Es testigo de mis lágrimas.
Por mi dolor reza.
La llama se agita
y se para.
Su perfil me confiesa.
Se retuerce
y baila y

                                      espera

a que por fin me duerma.

43

Te recuerdo vulnerable, en invierno,
abrazado a mí
hablándome de otra mujer
con la que quisiste vivir.
Las sombras no cobran vida
si algo no aparta la luz.
¿Cuánto mide el espacio,
el hueco,
el recoveco
de un corazón que busca afecto
cuando ya todos están ocupados
o rotos alrededor?
¿Cómo puedo regalar a alguien
lo que ya se rompió;
dos centímetros de alma,
un milímetro de pasión,
si la persona que yo amaba
para siempre se me fue?
Cuando una relación se rompe
      —mil tormentas, fuego y sed—
arrasa con ella
      —y con lo que viene después—.

44

Ya no hay hueco en este mundo
para ti y para mí.
Hemos roto el tiempo
que teníamos para mí y para ti.

Busco en la sombra
que esconde la luz.
Busco el rincón
donde remanse la guerra
y nos podemos esconder.
Busco la hora perdida
donde te pueda besar
y la estrella partida
que te asustó.
Busco la piedra del malecón
donde nos sentamos
a descansar
y la sonrisa en nuestras caras
que no pude volver a encontrar.

Porque, amor,
pase lo que pase
esos momentos son de los dos.
Busco en cada uno de ellos
lo que ya se perdió.
Pase lo que pase
son nuestros,
pero el tiempo se acabó
y hoy ya reposo,
exhausta de buscar
y no encontrar.

Es tiempo de irse
y no volver atrás
y que el silencio
ocupe el espacio
que ya no puedes ocupar.

Ya no hay hueco en este mundo
para ti y para mí.
Hemos roto el tiempo
que teníamos para mí y para ti.

Ya es la hora.
Nos desvanecemos.
Te miro.
Desaparezco.
Me miras.
Oscuridad. Silencio.

45

Hoy alzo la frente
buscando el cielo
y choco contra el techo.

Miro dentro de mí
buscando paz
pero encuentro tempestad,
el fuego ardiendo
asediado
por la quemazón del frío
y el latir poderoso
del corazón quemado.

Odio, ira y venganza,
todas esas palabras bonitas
se convierten en mantra.
Nada lo para
y lo que me consume
no cesa
hasta que acaba.
Si existe algo más allá
que me pueda escuchar,
si las palabras tienen poder,
si la voluntad hace sombra
a la realidad,
alzo la frente
y ¡maldito!

Te maldigo
a que pierdas la felicidad que me robaste.
Maldigo cada beso,
cada caricia,
cada noche a tu lado
durmiendo o en vela.

Y si se puede maldecir
maldigo el sol que nos calienta,
las sombras contiguas
de nuestros cuerpos,
nuestros pasos en La Habana
y los que dimos bailando,
tus manos en mi vientre
y tus raíces en la tierra.

Y si tengo que vivir sin la mitad de mi corazón
y dos litros menos de sangre,
maldigo cada latido que vivas
y cada sonrisa de tu boca.

Y si me tengo que maldecir
para llevarte conmigo al infierno,
camino detrás de ti.

46

¡Ratón!,
me llamaste mientras te abrazaba
por la espalda.
Las sábanas secas.
La noche húmeda.
Tu olor...
La mañana de sal,
el día sabía a mar.

Ese momento es todo lo que quedó
entre tanta ceniza
de nuestro ¿amor?

47

El tiempo es traidor
cuando no miras el reloj,
y el nuestro se ha acabado.
Es hora de decir adiós.

48

Quizás algún día salgas a bailar salsa
y una sombra de mí
(a lo lejos)
se dibuje en otra cara.
Suspirarás acaso
pero no te importará siquiera.
Apartarás el gesto
para que no te vea
y perderás el paso.

Quizás yo en algún otro lado
me encuentre con tu rostro
(a lo lejos)
en otros ojos
y con tu mano en otras manos.
Cruzaré de acera,
esconderé el gesto
para que no me veas
y apretaré el paso.

49

Te digo adiós
con el frío de mis huesos
y que se te lleve el viento
con lo que no arde
y con el fuego,
con mis días y mis sueños,
con tu piel en mi recuerdo,
con el dolor y lo que duele.
Que se ahogue tu recuerdo
con mis lágrimas, el mar,
que las tuyas están secas
de poco practicar.
Con tu dolor que no te duele
y la alegría de perderme.
Con tus promesas vacías
disfrazadas de amor.

Pero te digo adiós
sin rencor
para que te vayas de mí
y que no se quede conmigo.
Te doy un beso
en tus labios de mentiras
de ese amor que no existía.
Cuánto te quise
a ti que no me querías.

Pero lo que no es no puede ser.
Por eso adiós, amor de fantasía.
Te digo adiós.
Tú te quedas lleno.
Yo me quedo vacía.

Hoy elijo tu ausencia,
mi piel fría,
la noche de invierno.
Hoy elijo tu silencio
y el mío cuando me escribas
y resuenen ecos
que respondan: «Ya no te quiero,
ya no hay más intentos».

Hoy elijo mi presencia.
Hoy me elijo a mí.
Hoy sin darte cuenta
desatas tus nudos
y me regalas paz.
Hoy, catorce de diciembre,
se llama final.

Tus noches de sexo
Las mías en soledad
reconstruyendo...
y volviendo a encontrar
lo que yo quiero.

Hoy, catorce de diciembre,
no te digo adiós
como tantas otras veces
sino: «Hoy me elijo yo».

ÍNDICE